पीड़ा, नींद और एक लड़की

[कविता संग्रह]

पीड़ा, नींद और एक लड़की

प्रेरणा सारवान

राजकमल प्रकाशन
नयी दिल्ली पटना इलाहाबाद

सुलभ साहित्य अकादमी : 'सुलभ इंटरनेशनल सोशल-सर्विस ऑर्गनाइजेशन' के आंशिक अनुदान से प्रकाशित

ISBN : 978-81-267-2419-2

मूल्य : ₹ 200

पहला संस्करण : 2013

प्रकाशक : राजकमल प्रकाशन प्रा. लि.
1-बी, नेताजी सुभाष मार्ग, दरियागंज
नई दिल्ली-110 002

शाखाएँ : अशोक राजपथ, साइंस कॉलेज के सामने, पटना-800 006
पहली मंजिल, दरबारी बिल्डिंग, महात्मा गांधी मार्ग, इलाहाबाद-211 001

वेबसाइट : www.rajkamalprakashan.com
ई-मेल : info@rajkamalprakashan.com

आवरण : देवप्रकाश चौधरी

मुद्रक : बी.के. ऑफसेट
नवीन शाहदरा, दिल्ली-110 032

PIDA, NEEND AUR EK LADKI
Poems by Prerna Sarwan

उनके लिए जिन्होंने मुझे
प्यार दिया।

मेरी उम्र तक पहुँचकर सभी जान लेते हैं
कि ज़िन्दगी कोई सुख का सपना नहीं।

—अल्बैर् कामू

जाना नींद के पीछे-पीछे...

अगर इस संसार को चलाने का हक मुझे नहीं मिलता, तो मैं सोऊँ या जागूँ, कोई फर्क नहीं पड़ता।

—अल्बैर् कामू

पीड़ा, नींद और एक लड़की

अनुक्रम

बदलाव

बदलते हुए
मौसम की
कोई एहमियत नहीं रही
क्योंकि
अब इनसान
बदल जाता है
और हर दिन
एक नये रूप में
आता है।

22 सितम्बर, 1991

साथ

साथ
हुआ नहीं
तो कैसे
कह दूँ कि
छूट गया?

10 अप्रैल, 1992

बिखरना

छूटी किसी के
हाथ से
तो बालू रेत की मानिंद
बिखरती चली गई
और बिखरकर
फिर कहाँ
किसी से
सिमट पाई हूँ।

2 नवम्बर, 1993

रिसाव

जीवन अनुभूतियों
की ठंडी लहर है
जो टकराती है
मुझसे और
हज़ारों सीपियों (आँसुओं)
को चुरा ले
जाती है।
मैं ठिठुरती,
बिखरती, रेत की तरह
सिमटती हुई
धूप की उम्मीद में
किनारे पर भीगती हूँ
और खोती रहती हूँ
अपने अस्तित्व को
कण-कण
यही तो अन्त है
मेरा और मेरे
जीवन का।

15 जनवरी, 1995

तहों में

समेटो तो
कुछ भी नहीं
बिखेरो तो
बहुत कुछ है
इस मेरी ज़िन्दगी की
तल्ख़ियों की
तहों में।

9 फरवरी, 1995

चन्द क़तरे

कभी ज़िन्दगी
के बहते हुए
अहसासात-ए-दरिया
से इक ओक
न भरी
तल्ख़ अहसास के
चन्द मअदूद (बहुत थोड़े)
क़तरे ही
उठाये हैं।

10 फरवरी, 1995

दूरी

तुम दूर हो,
मगर बहुत
छोटे से फ़ासले पर
तुम मुझसे,
मेरी साँसों से,
धड़कन से,
वजूद से,
मेरी रूह से तो
दूर नहीं हो।

28 अप्रैल, 1995

निस्तब्धता

क्या कहूँ
और क्या लिखूँ
न भाव है
न शब्द है
सह चुकी हूँ
अनगिनत संवेदना के
शूल तो
बह गये हैं
आँख से मृदु भावना के
फूल तो
जीवन अँधेरे का दीया सा
मन मेरा
निस्तब्ध है।

5 जून, 1995

स्पर्श

स्पर्श से स्पर्श
के बीच केवल
रह जाता है
एक अजीब सी
सुगन्ध का एहसास
और एक कम्पन
भरी सी साँस
जो अदृश्य सम्बल है
मेरे मन का और
अकेलेपन का।

10 जून, 1995

मन की फिसलन

उम्मीदों की चिकनी
मिट्टी पर मन
बार-बार फिसलता है
गिरता है, सँभलता है
कभी टूट के बिखरता है
फिर भी
मन की पथरीली
ज़मीं से इच्छाएँ
ढीठ बबूल की तरह
निकल आती हैं
बेझिझक
लेकिन मन के लिए
यह बार-बार
की फिसलन कितनी
दुखदायी होती है
यह मन ही
जानता है।

21 जून, 1995

अदावत

कभी रोने को
दिल मचला
तो कभी आँखों ने
ज़िद की है
चन्द आँसू गिरे ही थे
कि दामन कह
उठा मुझसे
अभी कुछ देर
तो ठहरो,
अभी सूखा नहीं हूँ मैं,
तंग आ गई हूँ
मैं तो इन सब
की अदावत से।

23 जुलाई, 1995

दुर्भाग्य

मैं अपनी ही
दहलीज़ पर
रखी, उस
रजनीगन्धा की तरह
नितान्त अकेली हूँ
शायद मेरा
दुर्लभ होना ही
मेरा दुर्भाग्य है
और अकेले
होने का कारण भी।

28 जुलाई, 1995

पीड़ा–1

मैंने अपनी
अन्तर्मन की पीड़ा को
चाहा लाख
छुपाना
लेकिन, आँचल से
पानी सी
बह जाती है पीड़ा
फिर भी कुछ
तो कंकर बन के
मन में ही
रह जाती है
पीड़ा।

5 अक्टूबर, 1995

दर्द

तुमने तो झरने की
केवल आवाज़
सुनी है
गिरने का दर्द
क्या है यह
वह ही जानता है।

11 अक्टूबर, 1995

ज़िद्दी बिल्ली

मेरी ज़िद्दी बिल्ली
परेशान होकर
खिसियाती हुई
घास खाने लगती है
क्योंकि
घास में से
झींगुरों की
आवाज़ आ रही
होती है।

13 अक्टूबर, 1995

ढीठ अँधेरे

जाने कैसे आ जाते हैं
रात पड़े यह अन्धे अँधेरे
आँगन में बतियाते रहते
ढीठों से यह पाँव पसारे
जब भी देखो बैठे ही हैं
घर का हर इक
कोना घेरे
दरवाज़े पर यूँ मिलते हैं
जैसे ताले देते पहरे
आ-आकर सब
लौट गये हैं
जुगनू, दीपक, टूटे तारे
छिप-छिप कर रोते हैं
मुझ पर इस दुनिया
के साँझ-सवेरे।

20 अक्टूबर, 1995

आकाश पर सलाख़ें

जख़्मों से कुछ दूर सही
झुलसी हुई ख़ुशी मिली
जलने को ग़म
कुछ कम न थे
जो ये एक और मिली
आख़िर कब तक आँसू
इनकी तपन बुझाएँगे
एक दिन तो सूख जाएँगे
फिर जख़्म-ए-ग़म
झुलसी ख़ुशियाँ
मैं और सूखी
आँखें होंगी
कितना भी
आज़ाद करो मन
इस खुले आकाश के ऊपर
चारों ओर सलाखें होंगी।

20 अक्टूबर, 1995

सुलगता मन

जब मैं मोम
की तरह जलती थी
तो पिघल जाती थी
अब मैं गीली
लकड़ी की
तरह जलती हूँ
बुझ भी गई
तो क्या
मेरा मन फिर
भी सुलगता रहेगा
मेरे भावहीन
हृदय में दबा हुआ प्रतिशोध
धुआँ बनकर
हवाओं में घुलता रहेगा।

28 अक्टूबर, 1995

डूबते ख़्वाब

दिल के वीरान
सहरा से निकलकर
समुन्दर के किनारे
क्यों आये हो ख़्वाब?
जब तुम ही
डूब जाओगे
तो मैं भी क्या करूँगी
किसी पुर हौल
बियाबाँ में
जा रहूँगी।

7 नवम्बर, 1995

तूफ़ान का क्या है

तूफ़ान का
क्या है
तूफ़ान तो आकर
चला जाता है
लेकिन वह तिनके
जो एक बार
भटक जाते हैं
फिर कहाँ
अपनी जगह
आ पाते हैं!

17 जनवरी, 1996

पीड़ा की पीड़ा

मैंने तो कह डाला
अपनी पीड़ा को
लेकिन
शब्दों में
अमर हो चुकी है
जो पीड़ा
कौन समझ
पायेगा उस पीड़ा की
इस पीड़ा को!

18 जनवरी, 1996

जमने से पिघलने के बीच

कभी-कभी मेरी
जलती हुई पीड़ाएँ
भी बर्फ़ की तरह
जम जाती हैं
और मुझे सहन नहीं हो पाती है
उसकी तीव्र शीतलता
उसी असहनीय पीड़ा
के बीच मेरी
आँखें तप उठती हैं
सूर्य की तरह
और पीड़ाएँ
पिघलने लगती हैं
बर्फ़ की तरह
और इसी जमकर
पिघलने की क्रिया के बीच में
मैं सब कुछ
सहन कर जाती हूँ।

19 जनवरी, 1996

मैंने एक जंगल जीया

बड़ी मुश्किल से
थोड़ा-सा सुख मिला
जड़ी-बूटी की तरह
अनुभव बिछे मिले
काली मिट्टी की तरह
लोग मिले चट्टानों की तरह
चलते-चलते अचानक
पैरों से टकराकर
गुज़र गया कोई
भयानक खौफ़
साँप की तरह
जिसकी भयभीत
सिहरन देह में
देर तक फैली रही
वहीं से गुज़रते
हुए ख़्वाब दिखे
मरीचिका की तरह
कई पहाड़ खड़े मिले
दिन की तरह
कड़ी धूप के बाद
कुछ घने साये आये
रात की तरह

कहीं-कहीं कँटीली
झाड़ में लाल-पीले
फूल थे दर्दनाक
धोखों की तरह
मैंने ज़िन्दगी को
जीया है महज एक
जंगल की तरह।

20 जनवरी, 1996

उठता प्रश्न

किसी गिलास में
रखा थोड़ा-सा पानी
जिसे देखकर
आभास होता है
वह व्याकुल है रेत पर
गिरकर
फैल जाने को,
प्रश्न उठाता है मन
पता नहीं
मेरे लिए या
सचमुच उस पानी के लिए
क्या पानी अपना
विस्तार बढ़ाना
चाहता है—
या खो देना चाहता है
अपना अस्तित्व ही?

23 जनवरी, 1996

तितलियाँ

फूलों से
रंग चुराकर
कहाँ ले जाएँगी
तितलियाँ।
फूलों को बेरंग
करके क्या
ख़ुश हो जाएँगी
तितलियाँ ?
फूल, रंग और
रंग, ख़ुशबू से जुदा होकर
इतना रोएँगे
कि उनके आसुँओं में बह जायेंगी
तितलियाँ।

24 जनवरी, 1996

कौन-सा मौसम था?

शब्दों की हवा
बहुत देर से मौन
खड़ी थी
विचलित दिन की
वह धूप कड़ी थी
पीड़ा की उमस में जल
रहा था तन
अतीत के बादल गरजे
धुँधली स्मृतियाँ
चमक उठीं बिजली सी
और अचानक बिन
सावन के बरस गईं
आँखों से बूँदें
भीग गया
मन का आँगन
धूमिल परों को धो, आँसू से
नाच उठे यादों के पंछी
मैं आज भी सोचती हूँ
जीवन की धरा पर
वह कौन-सा मौसम था?

1 फरवरी, 1996

मन पत्थर का शहर

पत्थर के शहर में
मिट्टी की दीवारें हैं
कोई आशा भी
नहीं आती
चट्टानों के पहरे हैं
हो जिस्म नहीं नाजुक
पर घाव तो गहरे हैं

ढूँढ़े से भी हर ओर जहाँ
आवाज़ नहीं मिलती
हर एक शिला पर
देखा रोते हुये चेहरे हैं
रोते ही नहीं, चिल्लाते
भी हैं ये तो

बस आवाज़ नहीं करते
यहाँ कोई नहीं सुनता
सब लोग ही बहरे हैं
यह अच्छी सज़ा ठहरी
बस मौत नहीं मिलती
जीने के लिए
जिनको जीवन बहुतेरे हैं

मन पत्थर का
शहर न बनता
मालूम है मुझको भी
सब दोष तो मेरे हैं।

6 फरवरी, 1996

मुझे आवाज़ न दो

ज़िन्दगी ने फिर मुझे
आवाज़ दी है

मैं कानों पर हथेली
रख लूँ
कि आँखों पर
मौत की शिलाएँ
सरका लूँ
या डूबकर
समन्दर के शोर में
उसकी आवाज़
अनसुनी कर दूँ
इससे पहले कि
उसकी परछाईं भी
मेरे कन्धों को छुए
ऐ! मेरे होंठों पर
झुके आसमां तू ही बता
मैं क्या करूँ

यह हम दोंनो के
फ़ासले की आख़िरी

मेराज थी
जहाँ
ज़िन्दगी ने फिर मुझे
आवाज़ दी है।

10 फरवरी, 1996

नये–पुराने सिरे

कहते हैं,
एक बार फिर जियेंगे
मेरे जज़्बात नये सिरे से
अभी बच्चे हैं, ताज़ा हैं
बचपने और उन्माद में
छू आयेंगे आसमान भी,
क्या हुआ!
पर ही तो टूटे हैं
चलो उस मजार तक
तलाश है इक रूह की
लौट रहे थे हताश
कि गिर पड़े
बहुत सह लिया
कुछ न कहें तो बेहतर है
चार टूटी साँसें भरकर
फिर घुटते हुए मर जायेंगे
उसी पुराने सिरे से।

12 फरवरी, 1996

हर रात की तलाश

बचपन का बिना कहे
चुपचाप घर से चले जाना
और यौवन का
अचानक चले आना
मेरे जीवन में,
मुझे बहुत अखरा
हाँ! यह बात कुछ
उन्हीं दिनों की है
जब मैं उसकी याद में
ज़्यादा ही
खोई-खोई रहती थी
और निकल पड़ती थी
रातों को घर से
उसे ढूँढ़ने
मैं अकेली नहीं
मेरे साथ काला
लिबास पहने
मेरी नींद भी होती थी
बहुत ढूँढ़ा मगर
मेरा वह बचपन नहीं मिला
मैं तो हारकर
लौट आई एक रात

लेकिन मेरी नींद
जाने कहाँ छूट गई पीछे
जिसे अब शहरों में,
गलियों में, किसी
अनब्याही लोरी में,
झुरमुटों में,
उदास कहकशों में,
सोई हुई बीमार पत्तियों में
ढूँढ़ने निकल पड़ती हूँ
हर रात के
आधे पहर।

14 फरवरी, 1996

[अनिद्रा रोग से पीड़ित अवस्था में]

भ्रमित जीवन

मैं तो अँधेरों का
वह रेशमी कीट हूँ
जो उजालों में
मर जाता है
अलमारी के किसी
धूल भरे
अँधेरे कोने में
किताबों के सख़्त सान्निध्य में
मेरे आसपास
एक ऐसा भ्रम
का जाल बुन दो
जिसमें मैं ख़ुद
को सुरक्षित पा सकूँ
बस कोई
उजाले (सच्चाई) की
मकड़ी मुझे निगल न पाये
तो जी सकती हूँ मैं
एक जीवन
हज़ार युगों तक।

20 फरवरी, 1996

मैं नहीं बच सकती

किसी सुरक्षा
कवच के बावजूद
मैं नहीं बच सकती उपेक्षित

जीवन की पीड़ा के पंजों से
मैं भागकर कहाँ
जा सकती हूँ
मैं कुछ भी नहीं कर सकूँगी
और यह मेरे सामने ही
मुझे नोच-नोच कर
मेरे टुकड़े कर डालेगी
और बन्द अँधेरे कमरे में
मेरे पीड़ित जिस्म के
क़तरों की दुर्गन्ध में
मेरी आत्मा भी कब तक
आख़िर कब तक जी सकती है
मैं नहीं बच सकती
पीड़ा के शिकंजे से

फिर क्यों न
मुझे फेंक दिया जाये

ठीक पीड़ा के केन्द्र बिन्दु पर
समय से पहले मर जाने के लिए
क्योंकि कुछ भी कर लो
मैं नहीं बच सकती।

2 मार्च, 1996

सुनहरी रेत

ज़िन्दगी सुनहरी रेत
का कच्चा ढेर है
जिसका कण-कण
क़ीमती लम्हों
की सूरत है
बढ़ाओ हाथ और
बिखेरकर इस रेत
को आरम्भ से अन्त के
कल्पनाविहीन
किनारे और कोने-कोने को
ज़िन्दगी को
चमकीला कर लो
और टाँक दो अँधेरों
को सूरज की
पेशानी पर राख
हो जाने के लिए।

19 मार्च, 1996

चोर नज़र

मैं क़ैद कर देना
चाहती हूँ
अपनी नज़र को
पलकों के तंग क़ैदख़ाने में
क्योंकि यह चोर है
मेरी लाख पाबन्दी के बावजूद
चुरा लाती है
उड़ते परिन्दों की उड़ान
भागते वक़्त की रफ़्तार
दौड़ते हिरणों की कुलाँचें
और डूबते सूरज की लाली
बुझती आग की आख़िरी तपिश
जो मुझे ला खड़ा करती है
आधी रात के वक़्त
दर्द की सलीब पर
मैं निकलती तो हूँ
रोज़ आँसुओं की
बेड़ियाँ लेकर
लेकिन मेरी तलाश
के पहले ही लौट आती है
वह मेरी पलकों में
जाने कब और चुपके

से कुछ और चुराने
फिर निकल जाती है
कब बिना आहट के
मुझे पता नहीं।

20 मार्च, 1996

[अनिद्रा रोग से पीड़ित अवस्था में]

भटकी हुई भावनाएँ

मेरी भटकी हुई
भावनाओं को अब
और न भटकाओ
मैं नहीं जानती यह कि
इन्हें अभिशाप मिला है
या वरदान
जो यह न जी सकती है
न मर सकती है
मैंने देखा तो है
बहुतों को पुण्य की
खोज में भटकते
अगर कोई एक भी
पुण्य कमाना चाहता है
तो इन्हें विष का दान दे दे
मेरी आत्मा ख़ुद उसे स्वर्ग का द्वार
दिखाकर लौट आयेगी।

24 मार्च, 1996

जाने कहाँ-कहाँ

थरथराती रेल पटरियों
सूने कुएँ की मुँडेरों
ऊँचे पहाड़ों की चोटियों
ज़हर की धूल जमी
शीशियों के अन्दर
गहरे समन्दरों में
तेज़ गति से बहती
क्रोधित नदियों और
ख़ामोश झीलों के किनारों पर
और न जाने कहाँ-कहाँ पर
मैंने मृत्यु को पुकारा
मुक्त हवाओं के साथ
दिन भर भटकते हुए
और शाम ढलने के बाद
निराशाओं के सर्द ओले लिये
लौट आई फिर
अपनी ज़िन्दगी के अलाव घर में।

26 मार्च, 1996

[अनिद्रा रोग से पीड़ित अवस्था में]

पहचान

उम्र के हर मोड़ पर
मैंने क्षणों के चमकते
कुछ सिक्के गाड़ दिये हैं मिट्टी में
क्योंकि जानती हूँ
ज़माने की तरह
मैं भी कहीं छूट जाऊँगी पीछे
लेकिन ये क्षणों के सिक्के
मेरे जीवन-युगों के
हर युग में
पहचान रहेंगे।
ओ मेरी आत्मा
अगर तुम भी मुझे
भूलने लगो तो
खोदकर निकाल लेना
फिर मेरी चमकती हुई
पहचान वही
क्षणों के सिक्के।

28 मार्च, 1996

ज़िन्दगी की साज़िश

सूरज के पास
जाने कितने दिन हैं
जो आ जाता है हर रोज़
एक दूसरा ही दिन लेकर
मेरी मर्ज़ी के खिलाफ़
वक़्त के खज़ाने में
जाने कितने अल्फाज़ हैं
जो लिखता जा रहा है
मेरे शुदा (मृत) माँजी की
तवील (लम्बी) दास्ताँ
और वह जाने कौन है
जो मुझे खींच लाता है
बार-बार मौत की आगोश से,
चन्द साँसों की खैरात देकर
मैं राजी तो नहीं एक पल
भी जीने के लिए
साफ़ जाहिर है कि
मुझे ज़िन्दा रखने में
सख्त साज़िश है ज़िन्दगी की
लेकिन सुन ऐ जिन्दगी!
मैं ज़िन्दा हूँ फ़कत
तेरी आख़िरी रात के लिए।

3 अप्रैल, 1996

आस का पंछी

नाकाम तलाशों के बाद
परिन्दों को अपने घर
जाता देखकर
शाम के ढलने के साथ
सूरज के तेज़ क़दम चलने के साथ
पेड़ जब ऊँघने लगते हैं
उम्मीद की रेशमी डोरियाँ
फेंककर
मेरी आस का पंछी भी
डूबने लगता है
उदासी की अतल झील में।

11 अप्रैल, 1996

रात का अजाब

शाम की विदा होती
धूप से तपिश का साया
भर लेकर
मेरी बर्फ़ होती उम्मीदें
फिर जवां हो उठी हैं
क़रीब आती बरफान (बर्फ का पानी)
बरसाती रात का अजाब
उठाने के लिए
और धूल के सितारे
धूप ने ख़ुद दिये तो हैं बेमन से
लेकिन मैं कहाँ से लाऊँ
गहरी नींदों के ख़्वाब
चुराकर, रात के कुछ
एहसान चुकाने के लिए।

14 अप्रैल, 1996

[अनिद्रा रोग से पीड़ित अवस्था में]

बिना आहट के

मेरी आँखों में
तुम नींद बनकर आ जाओ
मेरी नींद में तुम स्वप्न
बनकर आ जाओ
मेरे स्वप्न का तुम
सुख बनकर आ जाओ
यदि तुम्हें यह भी
स्वीकार नहीं हो तो
मेरे स्वप्न सुख की
चरम सीमा पर तुम
अचानक दुख बनकर टूट जाओ
मुझे तुम्हारा वह रूप भी स्वीकार होगा
मैं चाहती हूँ तुम आओ
मेरे जीवन में बिना आहट के चुपचाप
हवा, उजाला, धूप और भावनाओं
की तरह और बन्द हो जाओ
मुट्ठियों, आँखों और हृदय में,
हो सके तो कुछ देर के लिए
मगर आओ तो सही।

22 अप्रैल, 1996

[कृष्ण के लिए]

मूक सान्निध्य

यदि मुझे मिलता
तुम जैसे महान व्यक्ति का
अदृश्य सान्निध्य
और तुम्हारे ही हृदय से
सृजन होने का स्वर्णिम अवसर
वह भी तुम्हारी किसी
भावुक भावना, किसी रूपहली रचना
किसी अद्वितीय अनुभूति या
किसी कल्पना चित्र के रंगों के रूप में
तो मेरा जीवन भी
सफल हो जाता
क्योंकि भावना जो
ख़ामोश रहकर भी सुनाती है
मीठी लोरियाँ
रचना जो अनजानी अधूरी
इच्छाओं से तपती हृदय भूमि पर
बरस पड़ती है बौछार की तरह
अनुभूति तो मुझ जैसे कई
अँधेरे बटोरते जीवन में भर देती है
रेशमी आलोक
रंग बिना किसी हरकत के भी
देते हैं सुखद झूले

और छलते नहीं सचमुच में खोल देते हैं
स्वप्नलोक के द्वार
मगर नहीं था ऐसा मेरा सौभाग्य
और अब तुम्हारी कब्र का
अँधेरा भी बनूँ तो नहीं बनने देगा
मुझे मेरा दुर्भाग्य।

25 अप्रैल, 1996

[मेरी यह कविता रूस के महान दार्शनिक, साधक एवं
महान चित्रकार निकोलस रेरिक को समर्पित है]

कोई जगह नहीं

मैं जब भी खोलती हूँ
तुम्हारी यादों की शीशे
लगी खिड़कियाँ,
टूटने लगते हैं उन पर
आँसुओं के रौशनदान
गिरने लगती हैं
स्वप्नों की दीवारें
डूबने लगता है आशाओं का आँगन
अपने ही दोषों की आँधियों से
आपस में टकराकर
बन्द हो जाते हैं
तुम्हारे नाम पर मेरे मन के दरवाज़े
देखते ही देखते
विकृत हो जाता है
मेरी भावनाओं का महल
और मैं फिर वहीं बेघर
मिट्टी के ढेर पर खड़ी हुई सोचती हूँ
कहाँ रखूँ तुम्हारी प्रतिमूर्ति।

1 मई, 1996

नहीं अब नहीं

अब नहीं रहे मेरे पास
वह रेशमी ताने-बाने
जिनसे मैं एक-एक क्षण को
बुन लिया करती थी
अँधेरी रात के किसी
एक ही क्षण में
अब तुम नहीं काट पाओगे
अपनी स्नेह धार से मेरे
प्रतिशोध के कठोर संकल्पों को
अब मैं जी तो सकती हूँ
एक आशाविहीन रिक्त जीवन
मगर अब नहीं सह सकती
अपनी मृत अपमानित
भावनाओं के ताने
अब नहीं है मन को
उड़ने का कोई प्रलोभन
और अब न ही आकाश
की यह अन्तहीन ऊँचाइयाँ
(तुम्हारी छलिया दृष्टि)
बुला पाएँगी
मेरे टूटे हुए पंखों को।

20 मई, 1996

मैं और नींद

पलकों की कोर पर
उनींदी आँखें लिये
तमाम रात
एक पैर पर खड़ी रही नींद
मैं न जाने
कहाँ-कहाँ भटकती रही
और जब लौटी तो
नींद आमादा थी
किसी की तलाश में
जाने के लिए
यही है उसके साथ
मेरा बरसों का सिलसिला
और कुछ पलों की
शनासाई (जान-पहचान)
इससे ज़्यादा कुछ नहीं।

6 जून, 1996

[अनिद्रा रोग से पीड़ित अवस्था में]

रहस्य

जीवन वह रहस्य है
जो कभी नहीं खुलता
आदमी करता है
हल उम्र भर
जैसे एक सवाल
और अन्त में
जवाब पाता है
क़ब्र में दफ़न
होकर शून्य।

18 जून, 1996

जब मैं हार जाती हूँ

जब भी चाहती हूँ
कोई रंग भरना
हाथ से छूटकर रंग बिखर जाते हैं
धुलने लगती है
एक तस्वीर भी ख़्याल से
जीवन फिर वही
कोरा का कोरा
जब भी देखती हूँ
पेड़ों पर सूखते पत्ते
जीवन पर तरस आ जाता है
क्योंकि मृत्यु के तने पर जीवन भी
एक दिन यूँ ही सूख जाता है।
जब मेरी आँखों में नींद होती है
चुभने लगता है उजाला भी
तो मुझे अँधेरा बहुत प्रिय लगने लगता है
अँधेरा जो नींद की दुनिया का
रंगहीन सूरज है
जब दूर से कहीं आती है कुदाली की आवाज़
शायद खोदी जा रही हो क़ब्र
वह दुख भरा विलाप सुनकर
शान्त हो जाते हैं जीवन और मृत्यु पर
बहस करते तूफ़ान

हो जाता है फ़ैसला
कि आना ही है मृत्यु को
मैं सिर झुकाए चल देती हूँ
फिर उसी सूरज के पास।

20 जून, 1996

जीवन

जब भावनाएँ बहती हैं
उगता है प्रेम का पौधा
जब गिरते हैं आँसू
निकलती है
स्नेह की कली
जब मन भरता है उड़ान
तो जन्मता है आशाओं का पाखी
जब खो जाता है पाखी
हो जाता है
जीवन का अन्त।

28 जून, 1996

उस समय

शीतल पड़ जाये जब
मेरे घावों की धरती
सूख जाये जब
मेरी आशाओं की कलियाँ
झुलसी हुई घास को
चीरती हुई
निकल आये जब
मेरी असफलताओं की
कटीली झाड़ियाँ
तड़कने लगे जब
आँसुओं से सूखी
मेरी आँखों की सीपियाँ
तुम सर्दी की किसी
रात बरस पड़ना
एक भटके हुए
बादल की तरह
हृदय की आग में तपती
मेरी ठंडी पीड़ाओं पर।

24 अगस्त, 1996

इस सर्दी में

इस बार सर्दियों में
दो सलाइयों पर स्वेटर नहीं
मन के चरखे पर
हज़ारों रंगों से
दिन-रात तुम्हारे
मिलन व वियोग
दुख और सुख के बीते क्षणों में
सपने बुनती हूँ
यही सपने बचाएँगे मुझे
पीड़ा की शीत लहर से
ये सपने जो
उम्र भर हर मौसम में
मेरे साथ रहेंगे
इनका रंग
फीका नहीं पड़ेगा
ये कभी झीने नहीं होंगे
यह प्रेम का दावा है।

3 दिसम्बर, 1999

दो सगी बहनें

हम दो सगी बहनें हैं
देह और आत्मा की तरह
फूल और सुगन्ध की तरह
चिड़िया और उड़ान की तरह
नयन और पलक की तरह
गीत और संगीत की तरह
मृत्यु और नींद की तरह
हमें कोई विलग नहीं कर सकता
क्योंकि हम दो सगी बहनें हैं।

27 दिसम्बर, 1999

बचपन का सपना

रात मैंने एक
सपना देखा कि जैसे
तुम छोटी हो
बहुत छोटी जैसी आज
से सत्रह साल पहले थीं
गुड़िया जैसी नन्ही
तुमने मेरे लिए
तितली पकड़ी
मैं तितली को अपने हाथ में
लेती उससे पहले
माँ ने जगा दिया
सपना टूट गया
तुम बड़ी हो गईं
प्यारी बहन सपने कितने
प्यारे होते हैं
आओ हम फिर बचपन
का सपना देखें।

28 दिसम्बर, 1999

[पूनम के लिए]

अतीत से भविष्य में

अतीत की उन
ऊँची पहाड़ियों पर
जहाँ प्रेम का नीला
समुन्दर हिलोरें भरता है
तुम मुझे सपनों का
छोटा सा घर बना दो
मुझे चाहिए एक ऐसा संसार
जहाँ आकाश
से फूल गिरे
सितारों की धरती हो
जहाँ पेड़ों पर चाँद उगता हो
मुझे जीने दो
सपनों की दुनिया में
बाहर मत निकालो
मत धकेलो भविष्य की खाई में
मुझे जीने दो
सपनों की दुनिया में।

29 दिसम्बर, 1999

अनन्त खोज

मैं प्रतिदिन सुबह से
खोजना शुरू करती हूँ
अपने जीवन का सत्य
और कुछ अज्ञात हिस्सा
रात (चेतना) में
अपनी खोज के बाद
जब लौटती हूँ वापस
तो जीवन का बहुत सा
हिस्सा खोया हुआ पाती हूँ
तब ख़ुद को समझाती हूँ
कि ऐ अबोध लड़की!
जो जीवन यात्रा में
पीछे छूट जाता है
वह दृश्य मात्र होता है
और जो शेष बचता है
वह महायात्रा मृत्यु का मार्ग होता है
मृत्यु जो शाश्वत है
जिसमें विराम या विश्राम नहीं
जिसका आरम्भ जीवन से होता है
पर अन्त नहीं होता है
बस खोज, अनन्त
खोज है मृत्यु।

8 जनवरी 2000

दुख

जीवन के
नितान्त सूने क्षणों में
जब साँसों से भी
सर्पों की सी सरसराहट का
अनुभव होता है
तो पकड़ लेने के
असफल प्रयास पर
ज्ञात होता है
कि वह सोया हुआ
दुख था जो
हाथ भी नहीं आया
और देह को
लील कर चला गया।

23 अप्रैल, 2000

इस वर्ष

मैं सोचती हूँ
हर वर्ष
वर्ष दर वर्ष
परतों की भाँति
दब जाती हैं यादें
और हम होते
जाते हैं ख़ाली
आज हम फिर इस साल
बच्चों की तरह
जीवन के पुराने दिनों को
हँसते, रोते, धुँधले क्षणों को
बिखेरते हैं
और भर लेते हैं
मन के ख़ाली कोनों को।

27 जून, 2000

मरने का सुख

माँ के स्नेहिल
नर्म सान्निध्य में
हर रात अलौकिक सुख सी
गहरी नींदों में
बुनती हूँ
हज़ारों सुन्दर सपने
और प्रतिदिन
उन्हीं सपनों में
उलझकर मरती हूँ
मकड़ी की मौत
फिर भी बुनती हूँ क्यों?
रेशम के सपने
मरने के लिए
उसी में उस सुख
का रहस्य छिपा है
जिसे मैं शिशु लड़की
और केवल माँ जानती हैं।

13 अक्टूबर, 2000

[नींद के लिए]

मुक्त करो

प्रेम ने पंख
फड़फड़ाए तो
देह की वेदना ने
मेरी आत्मा को जकड़ लिया
आत्मा तो अनश्वर है
हे प्रभु! मेरी
पुकार सुनो
मेरी आत्मा को मुक्त करो
वेदना से
और मुझे जीवन से।

20 सितम्बर, 2000

मेरा प्रेम

ओस कणों-सा
मेरा प्रेम
तुम छिपा लेना
अपनी नरम हथेलियों में
या भाप बनाकर
उड़ा देना भले ही
अनन्त आकाश में
पर घुटने मत देना
दम, मेरे प्रेम का
सोने की मंजूषा (मन) में
दुनिया के भय से।

25 दिसम्बर, 2000

यह जीवन

समय यूँ गुज़र गया
जैसे चलती ट्रेन में
आँखों के आगे से
दृश्य निकलते हैं
रिश्ते यूँ टूटे
जैसे पतझड़ में
पेड़ों से पके हुए
पत्ते झड़ते हैं
भावनाएँ यूँ बह गईं
जैसे नदी के तेज़ प्रवाह में
भारहीन तिनके बहते हैं
शेष तो कुछ भी नहीं
केवल गहरी रिक्तता है
जीवन का मूल्यांकन
कैसे आकूँ
भारहीन तुला-सा
है यह जीवन।

6 जनवरी, 2001

पीड़ा–2

पीड़ा के एक–एक
क्षण से बचाकर
छिपाकर
मैंने एक सुख पाला था
वही सुख आज
हाथ (समय) से गिरकर
पीड़ा में ही
विलीन हो गया।

15 जनवरी, 2001

पीड़ा–3

जहाँ देखती हूँ
पीड़ा का एक शब्द
वहीं रुक जाती हूँ
जाने कितने
अनगिनत घर हैं मेरे
सदियों तक, जहाँ से
नहीं लौट पाती हूँ
और कहीं मेरी प्रतीक्षा में
एक सुख भी
मर जाता है।

15 जनवरी, 2001

पीड़ा-4

पीड़ा मेरी
रोम-रोम में
सम्पूर्ण अस्तित्व (देह और आत्मा) से
खेलती है पूरी रात
और हर रात दुख
धारण करवाता है
बलात् ही गर्भ
तब उस गर्भ से जनमती है
बार-बार कुलषिता (कविता)
जो मेरे दुख की सन्तान है
कोई इन्हें स्वीकार
करे न करे
मैं आत्मा से स्वीकार
करती हूँ।

7 अप्रैल, 2001

दर्द फ़कत दर्द

मेरे सीने में
दर्द की हज़ारों क़ब्रें हैं,
लोगों के नाम याद नहीं हैं
दर्द तो सबका दिया
एक सा ही है
लोग अब याद
नहीं रहे
सिर्फ़ दर्द याद रह गया।

18 अप्रैल, 2001

एक लड़की होना

माँ!
जब मैं छोटी थी
बहुत छोटी, जब खेलती थी
गुड़ियों के साथ
उड़ती थी तितलियों के संग
भागती थी बादलों के पीछे
हँसती थी स्वच्छन्दता से
जब अन्तर नहीं जानती थी
लड़का और लड़की होने का
तब तुमने मुझे क्यों नहीं बताया
कि मैं एक लड़की हूँ
इस अल्पायु के भरे यौवन में
तुमने मुझे लड़की होने
का दुर्भाग्य बताकर
क्यों उदासी की काली
चुनरी ओढ़ाई है
कि मैं एक लड़की हूँ?

3 मई, 2001

पागल नाम

प्रेम की पराकाष्ठा
में डूबकर
जीवन-मृत्यु से
बेसुध होकर
सुबह की नींद से जागते ही
आँखें मलते हुए
किसी अन्य की आवाज़ पर भी
जब मैं लेती हूँ
तुम्हारा नाम
तो लोग मुझे पागल कहते हैं
मैं विस्मय से सोचती हूँ
चलो कुछ और न सही
तुम्हारे प्रेम में
मुझे एक पागल नाम
तो मिला है।

20 मई, 2001

दुख में भी सुख

जैसे बारिश के बाद
घास धुलकर
नम होकर भी
तन उठती है
वैसे ही रो लेने के बाद
हृदय में चुभने वाले
काँटे कोमल होकर
भीतर धँस जाते हैं
तब पीड़ा की
अति भी सुख सा
देने लगती है
और दुख भी सुख का
पर्याय हो जाता है।

23 जून, 2001

भीगने के लिए

बचपन से झड़ते देखा
सुन्दर बालों को
पेड़ों की पत्तियाँ भी
हवा-बे-हवा ही
गिरती रहीं
टूटते चटकते रहे
रेशमी सपने
खुलती रहीं कच्ची नींदें
परन्तु निराशा की मेघमाला
न कभी गिरी, न टूटी
न खुली, न बिखरी
बस जीवन पर सघनता से
छाती रही
और मैं आशा की
दृष्टि से, भीगने के लिए
एकटक ताकती रही।

27 जून, 2001

बीस की उम्र

उन्नीस और इक्कीस
के बीच कभी एक
बीस की उम्र आई थी
जिसे मैं पकड़ नहीं पाई थी
उन्नीस में दादी और माँ
कहती रहीं कि
बीस की हो जाओगी
बचपना छोड़ दो
बीस की उम्र एक दिन के लिए
आई और चली गई
बीस के बाद कहा जाने लगा
इक्कीस में लग गई हो
सयानी हो जाओ
बीस की सुन्दर युवा नायिका
उम्र उपेक्षा का
घाव लेकर अछूत नारी सी चली गई
वही बीस की उम्र
आज भी तीस में बहुत याद आती है
और हर कभी उदास कर जाती है।

29 जून, 2001

एक मुस्कुराहट

एक चमकीले
चाँद को पाने की
इच्छा में उदास मत होना
चाँद भी उदास हो जायेगा
उन करोड़ों, अनगिनत
टिमटिमाते सितारों को देखकर
मात्र मुस्कुरा देना
तो वह भी
खिलखिला उठेंगे
और तुम जीवन के
अज्ञात रहस्य को
जान जाओगे।

10 अगस्त, 2001

प्रेम के बहाने

याद में गहनता से डूबी हुई
जब काट रही होती हूँ कपड़े
जाने कब कट जाती हैं उँगलियाँ
फर्श पर गिरे हुए रक्त को तब
माँ के पूछने पर आलता बताती हूँ।

कविता लिखते-लिखते
प्रेम की पीड़ा से
टपक जाते हैं आँसू
फैल जाती है स्याही
तो सखियों और छोटे भाई-बहनों को
पानी बताती हूँ।

डाकिया लाता है उसके
प्रेम-पत्र वर्षों से
परन्तु समय और भाग्य
उसे नहीं लाता मेरे पास
इसलिए दादी को अब
उसका पत्र आने पर
सरकारी डाक बताती हूँ

और अपने कमरे के भीतर

आकर सुनती हूँ आत्मा के उपालम्भ
कहाँ है वह तुम्हारा निष्ठुर प्रेमी?
कब तक चलेंगे यह प्रेम के बहाने?
इसी बात पर हर रोज़ पड़ते हैं
अनगिनत आँसू बहाने।

24 अगस्त, 2001

नींद की चोरी

सदैव से रखा
माँ ने मुझे सात तालों के
दरवाज़े वाले कमरे में बन्द
ईश्वर ने चुना मेरे लिए
सन्नाटों भरा अँधेरा घर
रात भर डरावना पहरेदार
गलियों में लोहे के
फाटकों पर पीटता रहा
अपना पुराना डंडा
फूलों और पक्षियों ने नहीं सुना
कभी मेरा विरह गीत
चाँद-सितारे भी नहीं देख सके
मेरे निष्प्रभ चेहरे का उदास सौन्दर्य
हवा और बादल भी नहीं
छू सके कभी मेरे आँसुओं की नमी
इस शहर और संसार में
कोई नहीं जानता मेरे
भीतर का रहस्य
फिर भी चुरा लिया
किसी ने मेरी नींद को
मैं अनिद्रा रोग से पीड़ित

जागती रही तमाम उम्र और सोचती रही
किसने चुराई मेरी नींद।

3 सितम्बर, 2001

[अनिन्द्रा रोग से पीड़ित अवस्था में]

पीड़ा–5

मैं एक नदी सी
निर्मल, स्वछन्द बहती हूँ
अपनी गति में मौन
सृष्टि का कोई भी प्राणी
छू तो लेता है
मेरी चंचल लहरों को
पर कौन देख या
सुन पाता है
अस्तित्व में छिपी
नारी होने की अगाध
अनकही पीड़ा को!

11 सितम्बर, 2001

विवशता

सुबह से शाम तक
दिन भर भागती हूँ
एक आग के गोले (सूर्य) के पीछे
कभी पकड़ती हूँ, कभी छोड़ती हूँ
जिसके स्पर्श से
कभी जलता है तन,
कभी मन
फिर भी विवश हूँ
जलने के लिए
और अन्ततोगत्वा
रात के आने पर
जब आशाओं का सूर्य
डूब रहा होता है
मेरी आँसू भरी आँखों
में सितारे ही भरते हैं
सम्बल की झिलमिल रोशनी
फिर भी मैं क्यों विवश हूँ
जलने के लिए!

12 सितम्बर, 2001

अज्ञानता

लॉबी में जलता
सफेद दूधिया रोशनी फैलाता
छोटा सा नाइट बल्ब
खिड़की से ताकता हुआ
चाँद होता है
छोटे से बन्द कमरे की
अँधेरी छत
बिना सितारों का
आकाश होता है
मेरी दो आँखें दृष्टि की
पराकाष्ठा पर टिकी हुई
बहुत सीमित होती है
मेरी यह रहस्यमयी सी सृष्टि
जिसमें तुम होते हो
विराट, अनन्त, अनादि
अस्तित्व के साथ
और मैं तुम्हारे ही
अस्तित्व का कण मात्र
तुम्हें खोजती, तभी
वाह रे अज्ञानता का हाहाकार!

21 सितम्बर, 2001

[कृष्ण के लिए]

साहस

विधाता के लिखे
भाग्य को सौंप दिया
विधाता के हाथों में
जाओ मैं स्वयं रचूँगी
आज अपने हाथों
एक नया भाग्य
इतना शक्ति समर्थ
भी बनाया है मुझे
तुम्हारे दिये दुर्भाग्य ने।

3 नवम्बर, 2001

मुक्ति

पक्षी से पंख या उड़ान की
भीख नहीं माँगी थी
चाँद और सूर्य से
शीतलता और प्रकाश का
दान नहीं चाहा था
फूलों से सुगंध नहीं
ईश्वर से जीवन
नहीं छीना था
केवल जीवन भर
देह से आत्मा की मुक्ति माँगी है
जो मिलेगी
मृत्यु के बाद ही।

9 नवम्बर, 2001

विरहणी नदी

युग बीते हैं
पथ निहारते
न तुम आये
न मैं गई
जग ने कहा बावरी भई
एक सूखी नदी के किनारे
विरह व्यथा का
संसार बसाया है
फिर युग बीतेंगे
यहाँ एक नदी बहा करेगी
मेरे आँसुओं की
लोग उसे विरहणी नदी का
नाम दे देंगे
पर उसके बनने का इतिहास
और बह़ने का मर्म
नहीं जानेंगे।

5 फरवरी, 2002

पीड़ा-6

न मंज़िल है
न रास्ता है
यह जग तो ताने कसता है
पैरों में, न चलकर भी छाले हैं
कोलाहल की
बस्ती में
कुछ सन्नाटे भी
पाले हैं।

7 फरवरी, 2002

माँ

माँ! तुम हो
मेरे निष्प्राण जीवन
की ऊर्जा
आत्मा के अस्तित्व
का प्रकाश

माँ! मुझ भाग्यहीना को
लड़की का जन्म देकर
तुमने इस निरर्थक जीवन को
कर दिया है सार्थक।

माँ! तुमने मुझे
बिना माँ बने ही
सिखा दिया है
माँ होने का अर्थ
भर दिया है
रोम-रोम में ममता का सागर।

माँ! तुम नहीं कहतीं
अपने मन की बात
पर मैं जानती हूँ
सब सो जाते हैं

यहाँ तक की रसोई घर के
शोर मचाते जड़
बरतन भाँडे भी सो जाते हैं
पर माँ की चिंताएँ
कभी नहीं सोतीं
माँ नहीं सोती
मेरे सिरहाने बैठी करती है
मेरे सोने की प्रतीक्षा
और मैं युवा बेटी
तुम्हारी चिंता में जागती हूँ।

माँ! तुम्हारा और मेरा
कैसा रिश्ता है
जो एक दूसरे के लिए जलता है!

15 फरवरी, 2002

[मम्मा के लिए]

मुझे पता नहीं

अपनी आँखों से
टप-टप आँसू
गिरने की पीड़ा
सही है मैंने
मैं कब आँसू
की झील बनी
यह मुझको
भान नहीं है
और कब नदियों से
सागर बनते-बनते
मेरे अस्तित्व का
असीमित विस्तार हुआ है
मुझे नहीं पता यह।

30 मार्च, 2002

क्या करूँ

एक तन की
एक मन की
प्यास है पूरे गगन की
बात है उसकी लगन की
क्या करूँ
कैसे करूँ अब
हाथ छोटे
कितना कुछ समेटूँ
चाह है
विराट धन की
और पीड़ है
लाखों मन की।

19 अप्रैल, 2002

कैसे मिलूँ मैं उससे

कोई साँसों में
चल रहा है
कोई नींदों में
घुल रहा है
न साँस थम रही है
न नींद खुल रही है
यह जीवन और
मृत्यु का संघर्ष
है पुराना
यह आज मैंने जाना
इन दोनों से निकलकर
उससे मिलूँ मैं कैसे
वो साँसों में चल
रहा है
वो नींदों में
घुल रहा है
उसको अलग बिठाकर
उससे मिलूँ मैं कैसे!

20 अप्रैल, 2002

दुर्भाग्य

दुर्भाग्य के शीत में
उसने मुझे
प्रेम का वस्त्र (आत्मीयता पूर्ण
आश्रय) पहनाया था
मैं उसकी गरमाहट
को छूकर उसमें समा भी
नहीं पाई थी
और वह निर्वस्त्र (निराश्रय) कर
चला गया।

10 मई, 2002

दुख

किसी सुख की
अब चाहना नहीं रही
दुख ही एक
स्थायी रहा है
जीवन में।
दुख ही बूँद-बूँद सा
समा रहा है
रोम-रोम में
दुख ही विलीन हो रहा है
मुझमें और मैं उसमें
एक क्षणिक सुख के
सहवास से
अब जनमता है
अमिट, अदम्य, असीम दुख ही।

15 मई, 2002

स्त्री

बीज से वह
फूल में परिवर्तित हुई
फूल से फिर बीज में
क्या यही चक्र है
स्त्री जीवन का
जो कठोरता से
कोमलता के बीच
चलता रहता है!

16 मई, 2002

सुनो पुरुष

मुझे बिखेरो तो
बन्द आँखों से
फूलों की पत्तियों व बालू रेत की तरह
ऊँचाई से विस्तार तक
और समेटो तो
हज़ारों सूर्यों के प्रकाश में
काँच की किरचों और पारे के कणों की तरह
निचली सतह से
गहराई तक
क्योंकि मैं स्त्री
सृष्टि की वह रचना हूँ
जो जनमती है तो मिटती नहीं है
अस्तित्व के मिटने पर भी
सुनो पुरुष!
मेरी यह त्रासदी
जिसे मैं तुम्हें
युगों से कह रही हूँ।

16 मई, 2002

भाव

पावस मेघ की भाँति
क्षणिक
उमसे, गरजे, बरसे
और उम्र भर के लिए
भिगो गये।

15 मई, 2002

अभागा

उदासी ने घर की
खिड़की नहीं खोलने दी
चाँद का चहेता
पक्षी चकोर
मन में ही
मर गया।

18 मई, 2002

मन

पाँव तो चले नहीं
बिना परों का मन
तितली सा
उड़ता रहा
उम्र भर
पागल पवन के पीछे।

18 मई, 2002

एक चिड़िया

ओ आकाश!
लो मैंने निर्भीक होकर
फैला दिये हैं अपने पर
तुम चाहो तो
स्वयं के सीने पर
मुझे उड़ने का विस्तार दे दो
चाहो तो बाँहों में समेटकर
तोड़कर कोमल परों को
मेरा अस्तित्व ही मिटा दो
इच्छा तुम्हारी है।

30 मई, 2002

दृष्टिहीन सत्य

जानती हूँ
कोमल फूलों (स्त्री) का
जीवन महत्त्व ही कितना है
तुम निर्मोहियों की बग़िया में
मुरझाए बिखरे और फेंक दिये गये
वह कठोर काँटे (हृदयहीन
मिथ्या लोग) जो
चुभते हैं हाथों में
फिर भी तुमसे फेंके नहीं जाते
दृष्टिहीन सत्य के पीछे
जाने वाले
यह कैसे मनुष्य हो तुम?

31 मई, 2002

आदमी

अफ़सोस कि आदमी
देह से निकला
और देह में चला गया
बहुत प्रयास के उपरान्त
देह से ऊपर
नहीं उठ सका
आत्मा नहीं हो सका
देह से निकला
और देह में
चला गया।

22 जून, 2002

कोई लहर ही सही

यौवन के सपनों भरे
आँसू यूँ ही तो
बरसों से
तकियों में समा रहे हैं
कोई सागर न सही
कोई नदी न सही
कोई लहर ही आये
और मेरे आँसुओं के
संग मुझे भी
बहा ले जाये
कोई लहर
आये तो सही।

26 जून, 2002

विवशता

अमृत से आँसू
एक कलंक के
भय से
आँखों की
कोर पर सूखते रहे
और दो प्यासे
अधर, खारे पानी की
एक बूँद के लिए भी
तरसते रहे।

28 जून, 2002

[मध्य रात्रि को लिखी]

जो नहीं बोलते

मेरे कमरे की दीवारें
आले, अलमारी
दरवाज़े, खिड़की
छत, हर कोना
नहीं बोलता
ख़ामोश रहता है
जो नहीं बोलते हैं
वही जानते हैं
भविष्य के सम्पूर्ण रहस्य
मेरे मरने का दिन तक भी
तभी तो वह नहीं बोलते हैं
बस चुपचाप देखते हैं
मुझे और मेरे क्रिया-कलापों को
मूकता का कैसा
दंड मिला है
इन भविष्य ज्ञाताओं को
मैं सोचती हूँ
और चुप, और चुप
होती जाती हूँ।

17 मई, 2007

रेत

जीवन के किनारे से
तुमने जो मुझे
मुट्ठी भर समेटा होता
कोई दीवार, घरौंदा
या मृदुल पात्र
ही बनाया होता
तो यूँ कण-कण
बिखरते, भटकते हुए
मैं अस्तित्वविहीन न हुई होती
मेरा भी अस्तित्व होता
चाहे क्षणभंगुर ही सही।

22 मई, 2007

रेखाएँ

माथे पर चिन्ता की
रेखाएँ कह देती हैं
भीतर के मौन
की सारी व्यथा
हाथों पर भाग्य
दुर्भाग्य की रेखाएँ
बता देती हैं जीवन की सारी कथा
क्यों होती हैं
ये रेखाएँ
किसे है पता!

17 जून, 2007

जीवन का गणित

जीवन के अरबों
क्षणों में से
कुछ हज़ार क्षण ही
जीती हूँ मैं
और सहस्त्रों क्षण मरती हूँ
तुम्हारे लिए
यह जीवन का कैसा गणित है
जहाँ जोड़-बाकी करते-करते
एक भी दिन अपना नहीं बचता
और सैकड़ों रातें जाती हैं तुम्हारे हिस्से में।

28 जुलाई, 2007

[उसके लिए]